REVOLVTION IMPERIALE

DE LOVIS XIV. DIEV DONNE'

Contenant les liens de sa demarche pour
paruenir a l'Empire Romain.

Predit par l'Oracle François, *Michel
Nostra-Damus.*

A PARIS,
Et se vend chez Iacques Papillion, ruë S. Iean de Beauuais,
à la Pomme de Pin.
Il se distribuë aussi chez l'Autheur, ruë de l'Arbre-sec,
& chez Monsieur Bastic Orpheure 1652.

REVOLVTION
DE LOVIS XVI

Contenant les ...

présentée à ...

Pendant le Conseil ...

A PARIS,
Chez Jacques Papillon, rue S. Jean de Beauvais,
à la Pomme le Pin.
... chez ... Aubert ... milieu del' Arcade,
... par Soubeyran ...

REVOLVTION IMPERIALE DE Louys XIV. Dieu donné, contenant les liens de sa démarche pour paruenir à l'Empire Romain.

Predit par l'Oracle François, *Michel Nostra-Damus.*

Ce n'est pas sans raison si les Philosophes ont faict distinction de trois sortes d'Ames qu'il y a en la nature, qu'ils appellent vegetante, sensitiue & raisonnable, dont la premiere est attribuée aux vegetables, la sensitiue aux animaux, & la raisonnable aux hommes: Et par ce que les Animaux possedent la sensitiue & vegetante, aussi le Prince de la nature leur a donné toute puissance sur les vegetables. Et comme l'homme possede la vegetante, la sensitiue & la raisonnable, il luy a donné aussi toute puissance tant sur les animaux que sur les vegetans pour en vser selon sa volonté. La cause pour laquelle le Prince de la nature a soubmis les vegetens & les animaux a l'homme, est de ce qu'il possede, toutes des qualités des vegetens & des animaux, mais encores par dessus la raison qui est vn abregé ou dependance de la diuinité. Et de la nous disons, que l'Ame qui est en l'homme est

A ij

tresnoble laquelle donne l'estre & la perfection au corps,
aussi sa nourriture est bien plus noble que celle du corps,
par ce quelle se repaist des sciences intellectuelles & incor-
ruptibles, & a mesure qu'elle reçoit quelque nouuelle intelligence, elle se resiouit & se delecte du profit qu'elle en
reçoit , & entre toutes les sciences desquelles l'Ame se
repait & qui en reçoit plus de profit de ioye & de contén-
tement, est l'Astronomie & l'Astrologie (*salua Philosophia*)
d'autant que par icelles on connoit les creatures impassi-
bles & inalterables & qui ne se changent iamais en aucune
autre essence , comme sont les corps supercelestes : de maniere que par ces creatures on peut paruenir a la connoif-
fence du createur, & sçauoir d'iceluy iusques ou plus ou
moins l'entendement humain peut paruenir : mesme pouuoir comprendre comme il est impassible & inalterable; si
bien que les corps supercelestes estans crées a la perfection, ne peuuent produire que des effects parfaits: E comme la forme Spherique est la plus noble entre touttes les
formes, telle qu'est celle des Astres, ils ne sçauroient aussi
produire que des effects tres nobles. Quant a leur mouuement, il y en a qui tiénent qu'il est naturel & d'autrés disent
qu'il leur est volõtaire, sans qu'il leur soit alteratif ny impaf-
sible, lequel ne cessera iamais, que iusques a ce qu'il plaira
au Prince de la nature, la fin du quel n'a iamais esté connu
non pas mesme des Anges n'y du Fils, mais seulement
du Pere Eternel, ainsi que sainct Matthieu a remarqué cha-
pitre 24. lors qu'il a dict , *neque Angeli, neque Filius, sed
solus Pater.* Il y a grande apparence aussi que le mouuément
des Astres est volontaire. A-on iamais veu aucun mouuement sans moteur ou principe de mouuement. Quant au
corps de l'homme il n'agit iamais & ne fait aucune action
que par le mouuement de l'Ame, il faut donc que les Cieux
qui par leur mouuement, sont agir touttes les choses sub-

lu-

blunaires ayent vne Ame, & de la plusieurs Philosophes
ont appellé le Principe de leurs mouuement l'Amē du
monde, non pas seulement a cause de leur mouuement:
mais de ce qu'il y a grande relation auec nos ames & paf-
sant plus auant que tout ainsi qu'il y a vne subordination
de la cause superieure a l'inferieure, nos corps sont subiects
a l'Ame qui les possede, puis qu'ils n'agissent que par leur
mouuement, ainsi nos Ames qui sont contingentes & atta-
chées au corps sur lesquels les Astres influent leurs radia-
tions passionement des s'entiments de l'Ame successiue-
ment apres celle du corps, & qu'il ne soit ainsi, a ton iamais veu de desordre en la nature, ny aucun changement
de temps qu'il n'est este predit par des Eclipses de Lune, ou
du Soleil, de cometes & autres prodiges causés par les
Astres qui presagent tantost la guerre, tantost la peste, tantost la famine, tantost des maladies populaires ainsi qu'on a
veu la presente année, tantost des mortalités d'hommes &
d'animaux, tantost de grands deluges d'eau, & mille autres mal-heurs que nous voyons arriuer de temps en
temps, qui est ce qui cause pas ces euenements, mesmes
les passions des hommes, que l'Ame du monde, que nos
Anciens Philosophes ont voulu appeller autrement intelligence motrice, qu'on l'appelle comme l'on voudra, ie sçay
bien qu'il n'y peut auoir aucune intelligence sans entendement, ny entendement sans Ame qui donne par consé-
quent le mouuement au corps, les Astres qui sont en grand
nombre & qui se muuent par certain ordre successif & par
vne intelligence commune influent leurs vertus, non pas
seulement sur des choses sublunaires, que sur toutes les
choses qui sont au dessous deux, & qui luy sont communes
& aptes par leurs influences ainsi que nous voyons,
non seulement par les effects du luminaire de la Lune,
qu'elle reçoit du Soleil, mais aussi de toutes les autres pla-

B

nettes: mais noftre ame qui n'eft point compofée des quatre Eléments me dira quelq'vn, les Aftres n'auront point de pouuoir fur icelle, ie voudrois demander a celuy la quand vn homme qui eft plein de vin qui chancelle & qui vague ça & la, & qui parle à batons rompus, eft ce l'Ame qui faict parler c'eft homme de la forte fans rime ny raifon & qui tombe par terre a tout moment, n'eft ce pas le vin qui par fa chaleur enuoye des vapeurs au cerueau qui luy troublent l'entendement, il en eft de mefme des Aftres, mais d'vne autre manière plus senfible a l'Ame que non pas au corps la conduifent dans des dangers & des paffions foit a bien, foit a mal fi c'eft dans vne action mauuaife, les ignorans difent que c'eft le diable qui luy a faict faire cela, ie ne veux pas defnier que le diable ne fe mefle par fois dans les actions mauuaifes & a mefure qu'il preuoit que les Aftres influent vne telle action, defquels il en peut auoir la connoiffance auffi bien que des Hommes: mais encores plus (ayant l'Ame Angelique) mais non pas toufiours que quand Dieu le luy permet n'ayant point aucune puiffance fur nous que par permiffion quand elle luy eft donnée & qu'il ne foit ainfi, le diable ne demanda til pas vn iour la permiffion a Dieu pour troubler & inquieter le bon homme Iob, & que Dieu luy donna toute permiffion pour l'inquieter quant au corps: mais non pas fur fon Ame que Dieu luy referua, combien de perfonnes fe font donnez au diable pour eftre fortunées au ieu, & fi pour cela il n'a point eu aucun pouuoir fur iceux, c'eft pour vous dire que ce n'eft pas toufiours le diable qui nous faict faire des actions mauuaifes quoy qu'il en eft la volonté, mais bien l'Ame du monde, ce n'eft pas a dire que les Aftres ayent aucune volonté premeditée, que celle que la nature luy a donnée dans fes mouuements, qu'on nous figure comme vne roue de fortune: car a mefure qu'vn bon ou mauuais afpect influe fur nous, noftre Ame qui eft contingente au corps, fe ref-

sent de ses influences: Et de la il arriue qv'vne personne qui
sera née de pauures parens paruiendra a l'Empire, a la Roy-
-auté, aux Magistratures, aux Gouuernements, & d'autres
qui seront nés de peres Empereurs, Roys & grands Mo-
narques, deuiendront a la mendicité, ainsi que nous auons
veu & voyons tous les iours, mesmes en Alemagne a cause
des guerres continuelles, en Angleterre par la mort igno-
-mineuse du Roy.

Et au contraire Othoman né de pauure parens paruint
a l'Empire d'Orient, & plusieurs autres pendant les siecles
passez. Combien de personnes n'a ton pas veu pendant ce
siecle, qui sont venus dans Paris auec des sabots a leurs
pieds, a cause de leur pauureté & que neaumoins on les a
veu mourir riches de plus de huict cens mille escus? combien de laquays & de marmitons ne voit on pas dans Paris
qui possedent plus de cent mil escus, est ce par leur bon esprit & subtilité qu'il ont gaigné de si grandes sommes de
deniers & au contraire, combien de personnes notables &
de grand iugement qui frequantent la Cour, qu'au lieu de
deuenir riches sont tombez dans la mendicité, & au contraire Charles d'Albert Gentil-homme de la comté
Conestable de France, sans auoir d'Anguien, de vient
mis l'Espée au vent, c'est pour vous dire que ce n'est pas par
nos merites que nous paruenons dans les dignitez, il faut
donc que ce soit par quelque cause superieure qui nous a
tire & nous esleue par fois dans les dignitez & par fois nous
abaissent au dessous d'icelles.

Ce que i'en dis, ô bons François, c'est pour respondre a
tous ceux qui ont voulu contredire a l'Horoscope Imperial, disant qu'il seroit impossible qu'vn Ieune Monar-
que tel qu'est nostre bon Roy Loüys quatorze Dieu
donné, puisse paruenir a l'Empire Romain veu sa ieunesse & la mauuaise conduite de son Estat, C'est par la ô

F ij

Efprit critique que ie te veux prendre & te faire voir en
deux façons , comme les hommes paruienent d'ordinaire
dans les charges d'honneur, & bien fouuent l'ors qu'il fem-
blé qu'il ny a aucune apparence, c'eft ce auffi qui eftonne la
plus part des efprits qui n'ont point la connoiffance de ces
fciences, l'vne fera par la voix de Dieu & l'autre par l'influence des Aftres, car a bien parler l'vne eft dependant de
l'autre, d'autant que le faict des Aftres depend de la prefcience de Dieu, lequel faict n'aiftre les perfonnes au iour
& moment que les Aftres fe doiuent rencontrer pour faire le faict qu'il a premedité & qu'il ne foit ainfi , Car dan
raporte la figure de la Natiuité de Iefus Chrift & faict
voir par icelle comme Dieu deuoit mourir de la main des
Bourreaux, fuiuant l'influence des Aftres. C'eft pour vous
dire comme Dieu le Pere auoit premedité de toute Eter-
nité, qu'il faloit que fon Fils mourut pour le rachapt de
nos Ames, pour c'eft effect il falloit auffi que les hommes
y fuffent portez, par quelque caufe fuperieure telle que
font les Aftres, ie veux dire auffi que Dieu a faict n'aiftre
noftre bons Roy Louys quatorze Dieu donné , pour eftre
Empereur des Romains : mais a vn temps que les Aftres
eftoient difpofez pour influer vn tel euenement , dans la
centurie cinquiefme quatrain fix lors qu'il dit, *de Roy vien-*
dra Empereur pacifique, & par le quatrain foixante fept de
la fixiefme centurie, dit que celuy qui fera gouuerné par
le Cardinal Mazarin, paruiendra bien toft a l'Empire, qu'il
faut entendre par ces mots, *au grand Empire paruiendra toft*
vn autres , fi par l'Horofcope Imperial n'auions pas fuffi-
famment faict voir tout ce que noftre Oracle dit en faueur
de fa Majefté, pour raifon de l'euenement a l'Empire Romain, vous auriez occafion de nous en demander de plus
amples authorifez : mais comme i'eftime que cela vous
doit fatisfaire n'en parlerons pas d'auantage, mais feule-
ment

ment des liens de fa demarche pour y paruenir, & la
caufe & le fubject qui l'obligeront de fortir hors le
Royaume pour aller en Italie, quoy qu'il n'y aye iamais
pensé & pour vous faire voir comme nos pencées fe
changent de temps en temps , mefmes à tout moment , pour caufe du raport qu'il y a entre l'Ame
du monde, (c'eft a dire du premier Mobille) auec
la nôftre , que bien fouuent ayant refolu de faire
quelque chofes dans vn moment on change dauis
& faict tout l'e contraire & de la s'en eft en fuiui vn
prouerbe qu'on dit , *l'Homme propofe & Dieu dif-
pofe* , c'eft pourquoy il faut aduoüer que le faict qui
ce faict par l'influence des Aftres , eft vn effect qui
fe faict par la prefcience de Dieu , qui a preueu de
tout temps nos pencez & nos inclinations , preue-
nir par l'influence des Aftres , nous a laifé noftre
liberal Arbitre pour les fuiure , ou de ne les fuiure
point , contre lefquelles Dieu a faict fes Commandements , ainfi que nous voyons dans l'Hiftoire de
Saül , auquel Dieu auoit ordonné de deftruire, tout
le peuple malechite , iufques aux animaux , a
celle fin que la memoire en fuft tout a faict per-
due, Saül ne le fift point, il fut auffi recompenfé felon
fes demerites & fa defobeiffances , Dieu fçauoit bien
fil le feroit , ou fil ne le feroit pas, Dieu fçachant
qu'il ne le feroit point, il fembloit de prime abord
qu'il y auoit de l'iniuftice a Dieu de le chaftier, mefme de luy auoir commandé de faire vne chofe qu'il
fçauoit bien , que Saül ne la feroit point. A cela
les Theologiens vous refpondent deux chofes, l'vne

qu'il y a deux ordres a Dieu, par le premier, les hommes ne sçauent point pourquoy Dieu faict ce qu'il
faict, que par vne grace particuliere : & quant au
second l'homme les sçait par les causes secondes, qui
sont les Astres : Et comme Saül auoit l'option de
le faire ou de ne le faire pas, ne l'ayant point faict
Dieu le chastia, en luy ostant la vie, & celle de ses
enfans. De quoy seruiroit le liberal Arbitre, aux
hommes, s'ils n'auoient le chois de suiure leur vo-
lontés & leur inclination, quoy quelle prouienne
par le faict des choses Superieures, c'est pour vous
dire que difficilement les hommes se peuuent de-
stourner des inclinations, que les Astres les indui-
sent que par quelque grace particuliere, si ce n'e-
stoit vn effect de la precience de Dieu, en vain auroit il fait des commandements.

Enfin il faut auoüer qu'il y a relation entre la pensée de nostre ame & l'inclination de nos
corps, ce n'est pas adire aussi que la pensée suiue
tousiours l'inclination : mais bien plus tost l'inclination, la pensée, car autrement il sembleroit
que l'homme n'auroit point le liberal Arbitre, ny
d'option pour eslire le bien ou le mal, & les sçauoir distinguer l'vn de l'autre, ce qui est commun
aux Animaux en quelque façon, & bien que le
corps ne soit que l'instrument de l'Ame, si est ce
pourtant que l'Ame suit bien souuent les passions
du corps, a cause de l'inclination de ceste Ame
vniuerselle qui luy influe ses raisons ocultement,
c'est pourquoy les Philosophes ont dit, *Sapiens dominabitur astris*, Pourquoy les Philosophes auroient

ils dit que le sage dominera les Astres, si l'Ame raisonnable n'auoit quelque puissance par dessus celle
de l'vniuers ou du monde ? Ptolomée la definit
en ces termes , *Ille dominabitur astris qui effectus pro-*
uenientes ex ipsis astris potest impedire vel prohibere, sed
hoc potest facere vir sapiens , de maniere dit Ptolomée que celuy la sera dominateur des Astres , qui aura la connoissance de ses effects , il les pourra esui-
ter plustost que celuy qui n'en aura point la connoissance , celuy la aussi sera estimé le plus sage.
Si on eut demandé vn iour auparauant, a ceux qui
furent tués dans le Cimetiere sainct Innocent , en
saluant a coups de mousquet la memoire de leur
Sergent qu'on auoit enterré , que ce malheur leur
deuoit arriuer , a sçauoir mon s'ils y fussent allez,
ie ne le pense pas , car autrement il auróient esté
estimez imprudents & n'auroient pas suiui le pre-
cepte du sage ny de Ptolomée , dequoy seruiroit
la prudence , si l'homē ne s'en seruoit au besoin,
estoit il nécessaire de tirer des coups de mousquets
sur vn tombeau , ce n'est pas vn effect de la prudence , quand on faict vne action qui n'est pas nese-
citée quelle gloire , ont ils aquise en mourant de
la sorte (sotise plus tost que prudence) voila comme quoy l'on traicte tous ceux qui se laissent con-
duire a leurs passions , & inclinations mauuaises,
il est vray que la prudence ny la sagesse ne se ren-
contrent pas bien souuent auec la ieunesse ; ce n'est
pas aussi a ceux la qu'il faut donner la conduite
des republiques , mais a des hommes prudens &
auancez en age , particulierement au Gouuerne-

C ij

ment des Royaumes , par ce qu'ils inclinent plus a
la Paix qu'a la Guerre , d'autant qu'en icelle on
y treuue son repos & au contraire dans la guerre,
toutes sortes de mal-heurs & d'inquietudes. An-
ciennemet on n'ellisoit que des personnes bien agées,
pour la conduite des Republiques, mesmes dans les
Magistratures ; par ce que pendant la longueur du
temps ils auoient apris a deuenir sages.

La passion que i'ay de vous exprimer la sage
conduite de l'Estat me faict dire , que de la mesme façon qu'il est gouuerné & conduit, les peuples
se gouuernent , d'autant que les premiers Ministres
sont comme la roüe maistresse d'vn artifice qui
donne le premier mouuement a toute la machine,
l'Ame du monde qui est le premier mobile qui
faict marcher tous les Astres , par lesquels nous res-
pirons , d'autant que par leurs mouuements & ra-
diations se forme vn esprit vniuercel , qui anime
toutes les creatures sublunaires , disons que nostre
bons Roy est ceste voüe mestresse ou metaphorique
qui donne le premier mouuement a son Estat , &
que les Ministres sont le corps qui contient tous
les rouages de ses pensées populaires , si sa Maje-
sté faict quelque demarche honorable comme il y
a grande apparence , son peuble la fera aussi tout
de mesme , pour ce faire il faudroit qu'il reuint
premierement a Paris , pour donner quelque lustre
a son peuple , ce que ie ne crois pas , toutesfois
s'il y vient ce ne sera pas pour long temps , pour
cause que ie ne serois dire , les notables auront
beau a la prier & persuader pour venir a Paris ,

par

par ce qu'il n'en fera faict que ce qu'il plaira , a la
deftinée qui eft vn effect de la precience de Dieu,
fi faut il quelle marche bien toft du cofté d'Italie,
pour reçeuoir le Sceptre Imperial , ainfi que noftre Oracle a remarqué (du cofté de Sauonne)
centurie huictiefme quatrain neuf quand il dit,
Pendant que l'Aigle & le Coq a Sauonne feront vnis,
Pour c'eft effect il arriuera de grands defordres en
Italie qui l'obligeront d'y aller, Dieu veille qu'il n'en
arriuent point en France , au mois de mars qui
vient , ainfi que nous en fommes menaffez par noftre Oracle centurie onziefme fix cent cinquante
deux , quand il dit.

La grande cité qui n'a pain a demi
Encor vn coup la fainct Barthelemi
En grauera au profond de fon ame
Nifmes, Rochelle geneue & montpellier
Caftres lyon , mars entrant au billier
Sentre batront le tout pour vne dame

Et par le quatrain cinquante deux de la neufief-
me centurie , noftre Oracle en dit autant ou plus
fi vous voulez en voicy les propres termes.

La paix s'a proche d'vn cofté & la guerre
Onques ne fut la pourfuite fi grande
Plaindre homme femme , fang innocent par terre
Et ce fera de France a toute baude

La paix s'a proche d'vn cofté la voila demi
faicte : mais fera telle de durée fi ce la eft, qui le
voudra affeurer , non pas moy , qu'on lie la con-
cordance de ces deux proganoftique. On treu-
uera qu'il y en aura quelqu'vns de mal contans ,

D

l'année qui vient immediatement apres que la paix sera faicte auec l'Espagne, d'ordinaire Paris n'a point du pain qu'a demi, Dieu veille qu'il en aie autant l'année qui vient, si vous obseruez ponctuellement l'aduis que ie vous donne par la suite de cette partie, ie vous assure que vous en aurez plus qu'il ne vous en faudra.

F I N.